COLLECTION

DE FEU

Monsieur le Comte DE HOUDETOT

DÉPUTÉ, ANCIEN PAIR DE FRANCE.

M⁰ SEIGNEUR,
C⁰⁻Priseur.

FERDINAND LANEUVILLE,
Expert.

CATALOGUE

DE LA PREMIÈRE PARTIE

DE LA BELLE COLLECTION

DE

TABLEAUX

ANCIENS

DES

ÉCOLES ITALIENNE, ESPAGNOLE, FLAMANDE ET FRANÇAISE

COMPOSANT LA GALERIE

DE

FEU M. LE COMTE DE HOUDETOT,

DÉPUTÉ, ANCIEN PAIR DE FRANCE

DONT LA VENTE AURA LIEU

Par suite de son décès

HOTEL DES VENTES, RUE DROUOT

SALLE 5

Les Lundi 12, Mardi 13 et Mercredi 14 Décembre 1859,

A UNE HEURE,

Par le ministère de Mᵉ **SEIGNEUR**, Commissaire-Priseur,
rue Favart, 6,

Assisté de M. FERDINAND **LANEUVILLE,** Expert,
rue Neuve-des-Mathurins, 73,

CHEZ LESQUELS SE DISTRIBUE LE CATALOGUE.

EXPOSITION PARTICULIÈRE
Samedi 10 décembre 1859.

EXPOSITION PUBLIQUE
Dimanche 11, de midi à cinq heures.

LE CATALOGUE SE DISTRIBUE A L'ÉTRANGER :

LONDRES,	chez MM. COLNAGHI,	Marchand d'Estampes ;
A BRUXELLES,	— ÉTIENNE LEROY,	Expert du Musée ;
A AMSTERDAM,	— DEVRIES ;	
A ROTTERDAM,	— LAMME,	Artiste peintre ;
A LILLE,	— TENCÉ père ;	
A ROUEN,	— BILLARD,	Marchand de Curiosités ;
A MARSEILLE..	— PETIT-BERGONZ ;	
A LYON,	— BOET,	Marchand d'Estampes.

CONDITIONS DE LA VENTE.

Elle sera faite au comptant.

Les acquéreurs paieront, en sus des adjudications, cinq pour cent applicables aux frais de vente.

DÉSIGNATION

DES

TABLEAUX

ALBRIER.

360.   1 — Jeune Fille tenant un petit chien dans ses bras.

B. (Signé).

160.   2 — La Mère malheureuse.

BASSAN.

230.   3 — Une Femme tenant une coupe.

DU MÊME.

36.   4 — Paysan et son Troupeau.

DU MÊME.

50.   5 — Les Fiançailles.

DU MÊME.

50.   6 — Le Repas de Noce.

BOUCHER.

2v..   7 — Jeune Fille couchée.

BOURDON (S.).

58.   8 — Jacob et les Filles de Laban.

BREUGHEL.

200.   9 — Deux jeunes Filles richement costumées.

CALLOT.

87.   10 — Deux Personnages grotesques.

CARRACHE.

59.   11 — Fuite en Égypte.

DU MÊME (Attribué à).

75.   12 — Ensevelissement du Christ.

CASTELLI VALERIO.

90.   13 — Apothéose d'une Sainte. Elle tient les instruments de son martyre.

CESARI (dit le JOSEPIN).

58.   14 — Saint Georges.

CHAMPAGNE (PH.).

15 — Le bon Pasteur.

DU MÊME.

110.   16 — Le Christ mort.

— 6 —

CHAMPAGNE (Ph.) (Attribué à).

45. 17 — La Sainte Vierge en prières.

CHAPLIN (Ph.).

— 18 — La Servante artiste.

CHARDIN.

4,510. 19 — La Serinette (gravé).

DU MÊME.

301. 20 — Intérieur de Cuisine.

DU MÊME.

305. 21 — Le Dessinateur.

DU MÊME.

281. 22 — Un Chaudron, un Pot, des OEufs et une Poi-
vrière.

DU MÊME.

72. 23 — Plusieurs Pots en grès sur une table.

DU MÊME.

600. 24 — Deux Lapins morts et une Carnassière.

DU MÊME.

115. 25 — Lièvre et Légumes.

DU MÊME.

321. 26 — Un Pot et de la Viande.

CHARDIN.

126.   27 — Ustensiles de Cuisine.

DU MÊME.

500. { 28 — Ustensiles de Cuisine sur une table.

DU MÊME.

29 — Même sujet. Pendant du précédent.

DU MÊME.

—   30 — Gibier.

DU MÊME.

160.   31 — Une Timbale d'argent, des Fruits et des Gâteaux.

DU MÊME (Genre).

271.   32 — Une Dame, ayant écrit une lettre, attend qu'un jeune homme lui donne une bougie allumée pour la cacheter.

CORRÉGE (D'après).

22.   33 — Antiope.

DOMINIQUIN.

260.   34 — Hérodiade portant la tête de saint Jean.

DROLLING.

15.   35 — Un petit Garçon allumant du feu avec une loupe.

DYCK (Van).

95.   36 — Tête de Moine.

DU MÊME.

22.   37 — La Résurrection de Jésus-Christ.

DU MÊME (Attribué à).

196.   38 — Portrait de Femme, cheveux blonds et collier de perles.

DU MÊME (D'après).

75.   39 — Mise au Tombeau.

FLANDRIN (Paul), daté 1834.

8.   40 — Vue prise en Italie.

FRAGONARD.

—   41 — Portrait d'un jeune Homme.

DU MÊME.

585.   42 — Scène de Famille.

GASPRE POUSSIN.

30.   43 — Vue d'une ville d'Italie.

DU MÊME.

10.   44 — Paysage.

GASSIES.

21.   45 — Vue prise en Écosse.

GASSIES.

41.   46 — Marine.

         DU MÊME.

45.   47 — Entrée d'un Port, Effet de brouillard.

         DU MÊME.

35.   48 — Le Broyeur de Couleurs.

         DU MÊME.

16.   49 — Les Pêcheurs de Moules.

         DU MÊME.

20.   50 — Plage. Marée basse.

         DU MÊME.

56.   51 — Vue d'une Église de Village.

Mlle GÉRARD.

18.   52 — Une Mère et son Enfant.

         DE LA MÊME.

13.   53 — Jeune Femme travaillant.

GÉRICAULT.

101.   54 — Tête de Cheval blanc.

         DU MÊME.

250.   55 — Étude de Cheval au galop.

GÉRICAULT.

51.   56 — Un Apôtre.

DU MÊME.

570.   57 — Tête d'Homme à barbe grise. Étude.

DU MÊME.

10.   58 — Tête de Nègre avec barbe.

DU MÊME.

51.   59 — Tête de Cheval.

DU MÊME.

85.   60 — Un Homme soutenant sa tête dans sa main.

DU MÊME.

27.   61 — Tête de Nègre.

DU MÊME.

305.   62 — Etude de Chevaux morts.

DU MÊME.

560.   63 — Une Femme portant de l'eau. Etude d'après Raphaël.

DU MÊME.

75.   64 — Un Circassien.

DU MÊME.

1060.   65 — Première pensée de la Méduse.

GÉRICAULT.

1,027 · 66 — Naufrage.

DU MÊME.

61. 67 — Une jeune Femme lisant près d'une fenêtre en tenant son enfant.

DU MÊME.

550. 68 — Cheval arabe à l'écurie (ce tableau a été acheté, à la vente de Géricault, par M. Revil).

GIORDANO (L.).

90. 69 — Portrait d'un jeune Homme coiffé de longs cheveux blonds.

GIORGION.

35. 70 — Une Femme attachant l'Armure d'un Guerrier.

GREUZE.

1910. 71 — Petite Paysanne.

DU MÊME.

300 72 — Son Portrait.

DU MÊME (D'après).

40. 73 — La petite Fille à la Poupée.

GROS (Attribué à).

500. 74 — Portrait en buste du prince Talleyrand.

GUARDI.

220. 75 — Vue du Canal.

GUIDE.

250. 76 — Sainte Madeleine en extase. Deux Anges planent au-dessus d'elle.

GREUZE.

13. 77 — Tête de sainte Madeleine.

HOBBEMA (Attribué à).

251. 78 — La Chaumière dans le Bois.

HOLBEIN.

470. 79 — Portrait d'un jeune Homme (ovale).

DU MÊME.

41. 80 — Portrait d'Érasme.

HUYSMANS.

465. 81 — Paysage. Un vif Coup de Soleil frappe sur un terrain éboulé. Des Voyageurs se reposent au bord d'une Route.

JORDAENS (J.).

30. 82 — Portrait d'Homme à barbe blonde.

KLOMP.

70. 83 — Pâtre endormi près de son Troupeau.

LANCRET.

655. 84 — La Partie de Dés.

LANCRET.

570.   85 — Le Joueur de Basse.

LARGILLIÈRE.

1530.   86 — Une jeune Femme, richement habillée, tient à la main un œillet qu'elle vient de prendre dans une corbeille remplie de fleurs que lui présente un nègre.

LESUEUR (D'après).

55.   87 — La Prise d'habit.

DU MÊME.

80.   88 — La Prédication de saint Bruno.

DU MÊME.

60.   89 — La Mort de saint Bruno.

DU MÊME.

170.   90 — Apothéose d'un Évêque.

DU MÊME.

480.   91 — La Confiance d'Alexandre.

DU MÊME.

50.   92 — Présentation au Temple.

LOCATELLI.

99.   93 — Paysan faisant boire son Troupeau.

MAYENDORFF.

94 — Tête de Nègre.

MEULEN (Van der).

102.   95 — Bataille.

MIERIS (F.).

150.   96 — Jeune Dame jouant du Clavecin.

MIREVELDT.

160.   97 — Portrait de Femme. Elle porte une large collerette et un bonnet en guipure.

DU MÊME.

50.   98 — Portrait d'Homme coiffé de longs cheveux. Son col est entouré d'une large fraise.

DU MÊME.

145.   99 — Portrait d'Homme à longue chevelure.

MOUCHERON.

151.   100 — Paysage baigné par une rivière traversée par un pont. A droite, sur un chemin, un pâtre conduit un troupeau de vaches. Effet de Soleil couchant.

MURILLO (École).

260.   101 — L'Enfant Jésus apparaissant à saint François.

DU MÊME.

20.   102 — Saint François en prière.

DU MÊME.

35.   103 — L'Annonciation.

MURILLO (École).

70. 104 — Guérison d'un Possédé.

DU MÊME.

105 — La jeune Femme malade.

DU MÊME (Attribué à).

240. 106 — Le Christ au Roseau.

PILLEMENT.

— 107 — Paysage baigné par une rivière.

PORBUS (F.).

325. 108 — Élisabeth, reine d'Angleterre, en habit de cour.

POUSSIN (École).

200. 109 — Jacob et la Fille de Laban.

DU MÊME (École).

38. 110 — Le Miracle des Pains.

DU MÊME (École).

85. 111 — La Mort de Socrate.

PROCACCINI (B.-C.).

305. 112 — La sainte Vierge et saint Jean soutiennent l'Enfant Jésus. Un ange est en contemplation devant eux.

PRUDHON.

1010. 113 — La Sagesse et la Vérité (allégorie).

PRUDHON.

320.   114 — Une Femme jouant avec une Colombe.

DU MÊME (Attribué à).

225.   115 — L'Amour qui rit.
        DU MÊME.
        116 — L'Amour qui pleure.

DU MÊME. (Genre).

260.   117 — Jeune Fille sortant du Bain.

RAOUX.

130.   118 — Jeune Fille vue de profil (ovale).

RAPHAEL (D'après).

460.   119 — La sainte Vierge tenant l'Enfant Jésus sur ses genoux.

DU MÊME (D'après).

70.   120 — Sainte Famille (copie ancienne).

DU MÊME (D'après).

4.   121 — La sainte Vierge, l'Enfant Jésus et saint Jean.

REMBRANDT.

290.   122 — Portrait d'Homme tenant un livre.

REMBRANDT (Attribué à).

205. 123 — Portrait d'Homme à barbe blanche. Sa tête est couverte d'une toque noire; il est vêtu d'une robe garnie de fourrure. Une chaîne d'or est suspendue à son col; d'une main il porte une canne, et de l'autre il soutient sa robe.

DU MÊME.

100. 124 — Un Rabin priant.

DU MÊME (Genre).

54.50 125 — L'Amiral Bonnivet.

RIBALTA (F.).

40. 126 — Le Portement de Croix.

RIBERA.

135. 127 — Saint Pierre.

DU MÊME.

125. 128 — Méditation de saint Jérôme.

DU MÊME.

— 129 — Un Moine en extase.

DU MÊME.

115. 130 — Le Crucifiement d'un Martyr.

ROJUS (R.).

35. 131 — Papillons et Reptiles.

RUBENS.

65.   132 — Portrait d'un Homme chauve. Il porte moustache et barbe blonde.

DU MÊME (École).

129.   133 — Un Évêque.

DU MÊME (École).

18.   134 — Apôtre. Il tient un livre; une épée est posée à terre.

DU MÊME. (École).

37.   135 — La Circoncision.

DU MÊME. (École).

260.   136 — Portrait de Femme habillée d'une robe noire brodée d'or. Une collerette tuyautée et des manchettes en guipure complètent sa toilette. Elle est debout; d'une main elle tient un chasse-mouches, et de l'autre elle s'appuie sur un fauteuil.

DU MÊME (École).

105.   137 — Petit portrait d'Homme avec un chapeau à larges bords.

RUYSDAEL (École).

10.   138 — Petit Paysage.

RUYSDAEL (École).

210. 139 — Marine. Effet d'orage.

SALVATOR ROSA.

60. 140 — Un Moine en prière.

DU MÊME.

45. 141 — Sainte Madeleine dans le Désert.

DU MÊME.

45. 142 — Un Saint en extase.

DU MÊME (École).

145. 143 — Soldats assis sur des Rochers.

SCHIAVONE.

66. 144 — Le Repos en Égypte.

SCHIDONE.

50. 145 — La Vierge, l'Enfant Jésus et saint Jean.

SNEYDERS.

180. 146 — Fruits divers posés à terre.

STRY (Van).

159. 147 — Vaches au Pâturage.

SUBLEYRAS.

505. 148 — Un Moine secourant un Enfant.

SUBLEYRAS.

800. 149 — Vieille Femme italienne amenant sa Fille pour se confesser à un Moine.

TENIERS (École).

7. 150 — Un Fumeur.

TINTORET.

25. 151 — Un Pape donnant la Bénédiction.

TITIEN.

235. 152 — Portrait d'Homme habillé de noir, tenant son chapeau à la main.

DU MÊME.

56. 153 — Portrait d'un jeune Homme vêtu de noir. Une large collerette entoure son cou.

TORENVLIET.

120. 154 — Portrait d'Homme. Dans le fond du tableau on aperçoit une vieille dentellière.

VALIN.

175. 155 — Une Baigneuse.

VELASQUEZ (Genre).

46. 156 — Portrait d'Homme.

VELASQUEZ.

110.   157 — Un Moine méditant sur une Tête de Mort.

DU MÊME.

120.   158 — Portrait d'un jeune Homme. De longs cheveux bruns tombent sur ses épaules.

DU MÊME.

—   159 — Petite Fille en prière.

VERONESE (P.) (Genre).

50.   160 — Adoration des Mages.

DU MÊME (École).

405.   161 — Jésus chez le Pharisien.

DU MÊME (PAUL) (École).

230.   162 — Repas dans le Vestibule d'un Palais.

VLIET (VAN).

20.   163 — Intérieur d'un Temple protestant.

WATTEAU (D'après).

15.   164 — La Guitariste.

DU MÊME.

—   165 — Promenade dans le Parc.

WATTEAU.

65. { 166 — Même sujet.

DU MÊME.

167 — Même sujet. }

DU MÊME. (École).

80. 168 — Jeune Fille. Elle est coiffée avec des perles et des rubans roses.

DU MÊME (Genre).

81. 169 — Une jeune Femme pinçant de la Guitare. Un pierrot est près d'elle.

DU MÊME (D'après).

150. 170 — Concert dans un Parc.

ÉCOLE ITALIENNE.

300. 171 — La Charité.
196. 172 — Le Jugement de Midas.
86. 173 — La Charité.
200. 174 — Mariage de sainte Catherine.
78. 175 — Le Repos en Égypte.
21. 176 — Délivrance de saint Pierre.
52. 177 — L'Annonciation.
125. 178 — Vision d'un Moine.
12. 179 — Un Apôtre écrivant sous l'inspiration d'un Ange.
90. 180 — La Vendange.

ÉCOLE VÉNITIENNE.

131. 181 — Portrait d'Homme à barbe et moustache rousses. Il est vêtu d'une robe doublée d'hermine; sa tête est couverte d'une toque rouge.
30. 182 — Id. id. portant cuirasse.
83. 183 — Petit portrait d'Homme. Toque noire, barbe rousse.

ÉCOLE ESPAGNOLE.

135. 184 — Mort d'un Saint.
45. 185 — Tête d'Homme.
— 186 — Un Moine en prière.

ÉCOLE FLAMANDE.

70. 187 — Le Martyre d'une Sainte.
193. 188 — Raisins suspendus à un mur.
85. 189 — Intérieur d'Église.
220. 190 — Une Femme méditant sur une Tête de Mort.

ÉCOLE FRANÇAISE.

20. 191 — Un Esclave en prison (École de l'Empire).
30. 192 — Portrait de Femme.
— 193 — Étude de Grec (École de l'Empire).
72. 194 — Tête de petite Fille.
9. 195 — Id. de Chien.

ECOLE MODERNE.

100.   196 — Un jeune Homme courtisant une Chambrière.
21.   197 — Petit Paysage.

INCONNUS.

10.   198 — Études de Moines (mine de plomb).
32.   199 — Tête de jeune Fille (pastel).
100   200 — Une Perdrix suspendue.
—   201 — Sous ce numéro seront vendus les Tableaux omis.

www.ingramcontent.com/pod-product-compliance
Lightning Source LLC
Chambersburg PA
CBHW062005070426
42451CB00012BA/2682